Nishnaabemwin (Ojibwe), Nbisiing dialect/English edition

GAAWIN GINDAASWIN NDAAWSII

I AM NOT A NUMBER

Gaa-zhibiigewaad/written by
Jenny Kay Dupuis *minwa/and* Kathy Kacer
Gaa-mzinbiiged/illustrated by Gillian Newland
Gaa-aankanoobiigewaad/translated by
Muriel Sawyer *minwa/and* Geraldine McLeod
Gaa-waadookaaged/with contributions by Tory Fisher

Second Story Press

Aankanootaajgan

Aankanootaajgan'iw *Gaawin Gindaaswin Ndaawsii* gii-zhiwebat maa enjbaawaat, nakeyiinh ji-kenmoowat i Nishnaabemwin. Memdage go ji-aankanootaadwang Nbisiing Nishnaabemwin, nake Irene Couchie Dupuis ngaanwend nishnaabemod. Mii'iw Irene gaa-bgidnigaasik ji-nwet wedi Spanish Kinoomaadiiwgamgong. Nbisiing Nishnaabek e-niigaanzid minwa e-nishnaabemod Muriel Sawyer gii-niigaanii aankonootmaagewin, gii-wii-ji-nokiitwaan e-nishnaabemnid Geraldine McLeod minwa kinoomaageninwan nishnaabemwin waa-kendang Tory Fisher. Naanin-ngo e-nishnaabemjig gii-kwejimigaazwak enendmowaat. Gaa-aankanootmaagewaad Muriel mina Geraldine gii-gchi-nendmook, gii-kendmaawaan ni Irene'an minwa mikwenmaawaan kaanoondiwaapan ko. Ezhi msaawenjgaadeg dash ni aankanootmaagenaan dibishgoo ji-aabjichgaadeg, ji-aabjitoong binoojiinh mzinigan, ji zhesing gi waa-nishnaabemjig ji-aabjitoowaad minwa ji-niigaansing kendaaswin.

About the Translation

The translation of *I Am Not a Number* took place on a local level, through a community-based approach to language revitalization. It was important that the book be translated into Nbisiing, Irene Couchie Dupuis' own Nipissing dialect of Anishnaabemwin. This was the language Irene was forbidden to speak at residential school. Nipissing First Nation community leader and language speaker Muriel Sawyer led the translation, working with language speaker Geraldine McLeod and educator and language learner Tory Fisher. Other Nbisiing speakers in the community were consulted along the way. The translation experience held extra meaning for Muriel and Geraldine, who knew Irene and have memories of speaking their language together. The hope is that translation initiatives like this will act as an innovative model to widen the world of children's literature, creating space for Indigenous language speakers and advancing community literature.

Gaa-waashteznaagzid, gaa-waateshing, gii-mooshnegaabwi maa endaayaang Nbisiing shkonganing mtaaswi.

"Mii maa enji yaayaan ndoo-bi-naanaak gi binoojiinyag," kido a gaa-waashteznaagzid, megwaa gaanwaakwignoowid. "Giin! Aandi ensiboonezyan?"

Ngii-shkwii nmaamaa yaat. *Ndoo-binaanaag gi binoojiinyag?*

"Ensiboonezyan?" aanji kido minwa.

"Shwaaswi." Ngii-gnoowewetwaa.

Gii-biindgebmose a Dbamaage nini maa endaayaang gyak go naaskawaan ni nbaabaayan. "Kii-kendan wii-bizhaayaan Ernest," gii-kido. "Gi binoojiinyag nga-wiijiiwgoog wedi Spanish kinoomaadiiwgamong. Gichi gimaanaang zhi-dbendaagziwag, aazha gi. Niinwin ndoo-dbenmaanaanik."

The dark figure, backlit by the sun, filled the doorway of our home on Nipissing Reserve Number 10.

"I'm here for the children," the shadowy giant said, pointing a long finger at me. "You! How old?"

I shrank behind my mother. *Here for the children?*

"How old?" he repeated.

"Eight." The whisper floated from my mouth.

The Indian agent marched into our house and approached my father. "You knew I would come, Ernest," he said. "The children are going with me to the residential school. They are wards of the government, now. They belong to us."

"Gaan wiin go Irene! Twena wiin gadyaa maa endaayaang."
Nmaamaa ngii-mjimnik. "Gaawin gdaa-bgidnisnoon ji-maajiinad."

Dinmaaganese a nini. "Kina go gi nswi miishin giishpin miinsiwan
ka-ndooshkaagoo namaa ge ka-dbaakwigoo."

"Gaawin gegoo gdaa-zhi-shkitoosiimin, Mary Ann," nbaabaa zhi
zhaagozii nkwetam. "Mii go eta aazha jina jibwaa ji-zhiwebak
wii-bi-mozhginaawaad ni binoojiinyan."

Epiichi gtaanenmaan, ezhi mooshkondaagneyaan. Nsayenag
George mina Ephraim nwakwenwak. *Miina go ge wiinwaa
endgwen epiichi zegziwaagwen dibishgoo go niin?* Ndinendam.
Gi wedi esiigziwaad nsayenyag mina gi nmisenyag, gi esiigziwaad
minwa nwach e shkiniigwaad ji-daapnindwaa, maamwi yaawag,
ganwaamjigewag.

"Not Irene! She needs to be with her family." My mother wrapped her arms around me. "I won't let you take her."

The man shrugged. "Give me all three or you'll be fined or sent to jail."

"We have no choice, Mary Ann," my father replied, sounding defeated. "It was only a matter of time before they came for the children."

Fear rose inside me, filling my throat. My brothers George and Ephraim stood with their heads bowed low. *Are they as scared as I am?* I wondered. My other brothers and sisters, those too old and too young to be taken, huddled together, watching.

Nbaabaa gii-wiikpinaan daabshgoo nsayenman minwa niin maa niigaan ji-giiwtaagaabwiyaang maa niigan yaat. "Waasa a nini ka-zhiwnigwaa wedi kinoomaadiiwgamgong ji-wi-yaayeg." Ndignaan betaataagzid. "Gaawin kwii-bgidnigoosiim, miish i enaaknigaadek, twena go gdoo-bgidnigoom."

"Waagnen dash enji bgidnad ji-daapnigyaang?" ndinaa, megwaa koowebnidziyaan. Nbaabaa ezhi ningshkaangin ninjiin minwa ezhi mawzibiingwed. Ekchi zaagak nbaabaa-egimaawid yaayaang, emshkawziid minwa ekendaasod-gii-gwekaabwi gegoo kitzii nbaabaa'im.

"Wewiiptaan!" Nishkaadendam a Dbamaage ninwish.

Nmaamaa gii-nwapnignaan miijim nswi shkimdesan minik. "Ji-yaamwaad gegoo ji-miijwaad ni yaawaad," dinaan ni Dbamaage ninwan megwaa wiin a daadaangnaad ni doo dbagiiswaanensman.

"Nmaamaa?" ndoo-kwejmaa. "Gdoo-bi-wiijiiwyaang na?"

Gii-wewepkweno.

"Wenesh ge naagdawenmid?" Ndoo-kwejmaa.

"Ekinoomaagejig-minwa mektewkonyekweg ga yaawag," nmaamaa kido. "Niibwaa gegoo ka-kinoomaagoom wedi kinoomadiiwgamgong." Gegoo go enwet-mii go ezhi naangwet-gaan ngii-nenzi i debwed. Aapchi go nwach eni zhi-zegziyaan.

"Gaawin kwii-ngansinoon," ngii-kiimojikid.

My father pulled my two brothers and me into a semicircle before him. "This man will take you to live in a school far from here," he said in his soft, calm voice. "We don't want to let you go, but it's the law; we have to."

"But why are you letting him take us?" I cried, pulling away. Father's hands trembled and tears pooled in his eyes. My loving father – chief of the community, strong and wise – turned away without answering.

"Hurry up!" The Indian agent was becoming impatient.

My mother gathered food into three small packets. "Something for their journey," she explained as the Indian agent tapped his watch.

"Mom?" I asked. "Are you coming with us?"

She shook her head.

"But who will look after me?" I cried.

"There will be teachers – and nuns," my mother said. "You will learn many things at this school." Something in her voice – a quiver, a hesitation – made me doubt that this was true. My dread turned to panic.

"I don't want to leave you," I whispered.

Nmaamaa besho ngii-mjimnik, ngii-zhegwii maa doo-konaasing, ketin ndoo-mjimnaa pii go gaawin gegoo nesewin biitwa'yiing tesnok. Gaawin ngii-shki-bgidnaasii.

Gii-zhenaan i shkwaandem a Dbamaage ninwish miidash gii-noonmaagyaang ji-bi-maajaayaang. Nmaamaa gii-tispidoonan nikan maa doo-tbiknaang minwa ngii-jiimik maa nshtigwaaning. Ngii-nwajbidwaa shkweyiing George doo-biiskawaagan gegaa ngii-ni-bzageshkwaa nake shkwaandeming. Enwek gonaa ndayaawaak nsayenyak. Ngii-kiimojinendam kina maamwi naasaap ji-yaayaang.

Eni bmoseyaang wedi waasnaandeg nakeyiinh echi baabiigoyaang a kinoomaage daabaan, nmaamaa gii-biijbaato. "Naagdawendiyok,"

ngii-gonaan. "Gaawin wiikaa ka-niikesiim endaayang mina gaa-bi-naadziyang. Gaawin wiikaa ka-nenmisiiyaang. Gaawin wiikaa ka-niikesiim ezhi yaawyeg!"

My mother pulled me up against her, and I buried my face in the folds of her dress, pressing her tighter until there was no air between us. I couldn't let go.

The Indian agent opened the door and motioned for us to come. Mom pried my arms from around her back and kissed the top of my head. I grabbed the back of George's jacket and stumbled after him as he stepped toward the door. At least I had my brothers with me. I made a silent vow that we would stay together.

As we walked into the sunlight toward the waiting bus, my mother ran forward. "Look after each other," she cried. "Never forget home or our ways. Never forget us. Never forget who you are!"

Ngoding minwa shkwaayaach ngii-gnawaabmaa megwaa maamdamaan. *Aandi go naa genji-niikenmagwaaban gi ngitsiimak? Aandi go naa ge nji-niikeyaambaan aandi ezhi yaawyaan?*

Minwa dash, aandi genji kendmaambaan waagnen ebaabiigowaanen wedi Spanish kinoomaadiiwgamgong?

"Kwezensag, wiijiiwshig. Gwiiwzensag, giinwaa pkaan wiigwaaming ka-zhaam." Egnozid mektewkonyekwe ezhinkaazod Sister Mary gii-naaniibwi wedi niigaan siniiwiigwaaming. Ndey gaa-zhi-nookshkaamgak maa nmistaang gi gwiiwzesag gaa-ni-maajiizhgaazwaat. Gaan go waaj ji-pkidnidyaang. Gaa-penmoongagwaa gi nsayenmak mii go giin mboomgak.

Ngii-gwekaaba'w ji-gnawaabmak a Sister Mary, ndinendam niin eta aazha ndoo-njikewis.

I turned one last time and gazed at her through blurry tears. *How could I possibly forget my parents? How could I forget who I was?*

But then, how could I possibly guess what awaited me at the residential school?

"Girls, follow me. Boys, you will be going to a separate building." A tall nun named Sister Mary stood at the entrance of the imposing brick building. My heart sank into my stomach as the boys were led away. No chance for good-byes. The tiny spark of safety I had felt in being with my brothers flickered and died. I turned back to face Sister Mary, feeling more alone than ever.

"Irene Couchie ndizhnikaaz," Ngii-naa. Ndoo-gaaswendam, booj go ngii-shpinendam minwa ngii-niizhoonaanan ni ninjiin wiya ji-waabmisig ningshkaagin.

Sister Mary ezhi biisaabshkaat, "Gaan noozwinan ndaabjitoosiimin maa. Kina eknomaagziwaat zhi kendaagziwag gindaaswinan nake. Giin niizhwaaswaak shi-naanmidna-shi zhaangswi gd'aw."

Gaawin niin doo-gindaaswisii, Irene Couchie niin, Ernest minwa Mary Ann Couchie daansimwaan. Gaawin wiika ndaa-niikesii aandi ezhi yaawyaan.

Ngii-wewiibnaazhwigoo wedi gziibiigzhegamgong naasaap go gi kwezesag gaa-bidgoshnowaat. Ngii-maamwi gaabwimin megwaa tkibiibgasek maa nwiiwiyaang. Mii go maa yaat Sister Mary gnawaabmigyaang. "Kina go ka-gaashkaanaawaa i ezhi zaawziyeg."

"Gnabach nwach minwendmaadgenan ewaabshkiznid kwezensan," kiimoojinik wiya ewiijgaabwitwid.

Nga-nwaamdaanan ni nzaawzi nikan megwaa Sister Mary gziisbadood taamgo wiishtaazmaagdini gziibiigigan eyaabjitood. Pii gaa-bengziyaan, ngii-miinik ewaabnaandenik konaas, zhigneyaabii zhignan minwa emkadewaagin mkiznan.

Gaa-shkwaa biiskonyeyaan, ngii-zhiwnigoo aansi pkeskaang minwa ngii-naaknigoo ji-nmadbiyaan despowaagaansing. Bjiinak go nwach ga-mji-zhiwebat.

"My name is Irene Couchie," I told her. My voice was small, but I held my head high and clasped my hands together so that no one could see they were shaking.

Sister Mary's eyes narrowed to slits. "We don't use names here. All students are known by numbers. You are 759."

I am not a number. I am Irene Couchie, daughter of Ernest and Mary Ann Couchie. I will never forget who I am.

I was hurried to the showers with the other girls who had arrived with me. We stood in a group as icy water pricked our bodies. Sister Mary hovered over us. "Make sure to scrub all the brown off."

"She must like lighter-skinned girls better," someone next to me whispered.

I stared at my dark arms while Sister Mary scrubbed them with foul-smelling soap. After I was dry, she handed me a plain gray dress, knitted stockings, and a pair of black leather shoes. Dressed in my new uniform, I was taken to a small room and ordered to sit on a low stool. The worst was still to come.

Sister Mary ngii-naapskoonik naaskaagan maa giitaayiing nkwegning. "Ahaaw dash ka-giishaamin ni gmiinsisan. Gyakbin maa," gii-naaknik.

Doo-dgokmaan gii-zhaashaangjigeseni maa gaa-gnwaabii mkadew-nmiinsising, ndoo-gnawaambdaanan nmiinsisan mgiskin maa giitaanyiing yaayaan. Nwach go niibwa gii-nendaagwat dibishgoo dash giizhgaanbezhong, gaan ndaa-shki wiinmawaasi Sister Mary. Wedi endaayaan enjbaayaan gnwaabiikin miinsisan chi-piidendaagdoon. Ndoo-giishaamin pii niyangit wiya ezaagangit. Mii go ezhinendmaan bemgii go ezhi nboyaan enso miinsis embgising.

Sister Mary wrapped a cape around my neck. "Now, let's get rid of that hair. Sit up straight," she ordered.

Her scissors chewed through my long, black hair, and I watched my locks fall in a pool around me. This meant much more to me than a haircut, though I could never explain that to Sister Mary. Back home, long hair was a source of pride. We cut it when we lost a loved one. Now it felt as if a part of me was dying with every strand that fell.

Pii go enigiizhgak, ngii-wiidbimaag naanin kwezensag maa ekchi
gnwaak baksagi-wiisniwaagning, nga-nwaabdaan i naagaans
gaa-biisboodeg mnoomin teg gaa-niigaansidgaadeg maa nmadbiyaan.
Ezhi waabnaandeg minwa mshkawsin mii go ezhnaagwak nbaabaa
koo etoopan ji-mooshnayang ezhiibaandeg maa aasmaatik. Bemayiing
maa gaa-biisboodeg mnoomning bi ezaatewzid waabshki-pkwezhgan.
Nmikwenmaa nmaamaa da pkwezhganman bijiinak gaa-shkwaa
giiswaad mina doo demnini-zhiiwbak baashminsigan. Gaawin niibwa
gegoo ngii-yaanziimin gaan shwiin go wiikaa ji-nendeseswaang.
Wasmaa chwiin misat ezhi noonaandweweg geyaaba wii-wiisniyaan.

Several days later, I sat with the other girls at a long wooden table, staring at the bowl of porridge in
front of me. It was gray and lumpy and looked like the plaster my father had once used to fill some
cracks in our wall. Next to the porridge was a piece of stale white bread. I thought of my mom's
freshly baked loaves and homemade strawberry-rhubarb jam. Back home, we had never had much,
but we were never hungry. Here, my stomach gurgled, calling out for food.

"Wiisnin!" Ezhi noondwak Sister Mary nshkaademtaagzid, twena ketin ngii-gdaan i gaa maashpwagwak ezhmaagwak gegaa ezhi aa'aagdeseyaan. Miidash gaa-mkwenmagwaa gi wedi kwesensag gaa-goyaan. *Giishpin kizhebaa miijsiwan, ka-naakwe shamgoo i naasaap. Minwa giishpin zhiishkagwaadman i, twena ka-miijin i gaa-zhiishkagwaadman.* Ngii-nbinaan i emkwaanens moozhak shanzoyaan minwa ngii-debwewendam goki ji-nbibdesnok.

"Taamgo nwii-wiisin," ndik a kwezens e'aashtabid.

Ngii-pkwebnaa mgii a pkwezhgan ngii-ninmowaa. "Mii yo," ngii-naa. "Gaan nda-nwendmaasii a."

Gii-wiidendam megwaa daapnaat chi-piitendam. "Miigwech."

"Miigwech gegiin," Ngii-kiimoojinaa.

Gaan ngii-waabmaasii Sister Mary baamaapii go maa gijayiing eyaat. *Thwack!* Gichi-mtigoo-emkwaan ngii-pkitegon maa doonmaagning. Ngii-wiiskentaagos.

"Jimnidoo nwewin i!" zhi biibaagi. "Gaan maa ndoo-nwesiimin i." Ngii-nwajbinik maa nikaang ngii-nbininaazhwik shpimsagong. Taamgo konwaakmakii minwa gzhiikaaptoo a Sister Mary shkwayiing maa ngii-ni-moseptoo debnaak go ji-mgishniswaan. Gii-waabmaabniik giwedi kwesensak wiikpijkaazwaad i nakeyiinh. *Kinoomaagewnaan.* Mii gi mektewkonyekweg gaa-zhinkaadmowaad i pii wiya ji-kendang ni minaazhigewnan. Ezhi zeziyaan waagen wedi ebaabiigoyaan pkeskaan ekwaayiinh eteg.

"Eat!" Sister Mary's stern voice cut into my thoughts. I forced some bitter, gritty mush down my throat. The smell nearly made me gag. But I remembered the warnings of the other girls. *If you don't eat your meal at breakfast, they will serve it to you for lunch. And if you throw it up, you will have to eat the vomit.* I raised spoonful after spoonful to my mouth and willed myself to keep it down.

"I'm so hungry," the girl opposite me groaned.

I broke off a piece of the bread and leaned across the table. "Here," I said. "I don't want this."

She smiled and reached for it gratefully. "Miigwetch."

"Miigwetch gayegiin," I whispered back.

I didn't see Sister Mary until she was almost on top of me. *Thwack!* A big wooden spoon came down hard across my shoulders. I yelped in pain.

"That's the devil's language!" she shouted. "We don't speak it here." She grabbed my arm and hauled me up the stairs. Sister Mary's strides were long and fast and I stumbled behind her, trying not to fall. I had seen other girls pulled along like this. *Lessons.* That's what the sisters called it when one of us needed reminding about the rules. I was terrified of what awaited me in the room at the end of the hallway.

Sister Mary ngii-nmadbiwebnig despowaagning miidash gii-gwekaabwid ji-mooshnadoot nbe naagan kakshe egzhidenik maa gaa-dinang gzhaapkizganing.

"Waamdayshin ni gninjiin," dinik.

"Gaan wiisgawshiken," ngii-kiimojinwe.

"Waamdayshin!" ketin go nwewdam.

Gaawin goji gezhi giimiing. Bekaa, ngii-gyaako baaknaanan ni nikan megwaa go Sister Mary naazhnang i ezhaabkidek nbe naagan maa nzhagying. Ngii-wii-noondaagoz. Memkaach dash ngii-tkwandaanan ni nwiibdan maa ndooning minwa ngii-bsangwaab ketin go ezhi-shkitooyaan megwaa gindaasyaan naazh a mektewkonyekwe ji-nbinang i nbe naagan.

"Mii i ji-kendman ji-zhaagnaashiimyan maa. Gdaa-gaj!" Mii dash gii-nimaajaad.

Bekaa ngii-baaboodaanan ni mskwaakskiskin maa nikaang. *Gajwin?* Gaan ndoo-gajzii i enweyaan. Ngii-gichi piitendaan i. Mii go kina gegoo e kendmaan minwa e zaaktooyan ezhi maadziyaan minwa ezhi yaawyaan bekaa e ni zhi daapnigaadeg. Nmaamaa shkwaayaach gaa-zhit — *Wiika niikesken wenen ezhi yaawyan* — ezhi memewesing maa ntawgaang. "Niin Irene Couchie. Ndoo-kwejtoon ji-mkwenmaan," Ndoo-kiimoojidis megwaa mawzibiingweyaan.

Sister Mary shoved me into a chair and turned away to fill a bedpan with hot coals from the stove.

"Show me your hands," she said.

"Please don't hurt me," I whispered.

"Show me!" she demanded.

There was no escape. Slowly, I extended my arms straight out as Sister Mary lowered the hot bedpan onto my skin. I wanted to scream. Instead I dug my teeth into my lower lip and squeezed my eyes shut as tightly as I could, counting the seconds until the sister lifted the pan.

"That'll teach you to speak English here. You should be ashamed of yourself!" With that, she walked away.

I blew gently on the red welts that had bloomed down my arms. *Ashamed?* I wasn't ashamed of my language. I was proud of it. But everything I knew and loved about who I was and where I had come from was slowly being taken away. Mother's last words – *Never forget who you are* – rang in my ears. "I'm Irene Couchie. I'm trying to remember," I whispered, as tears streamed down my face.

Eko niizh namewgiizhgak aazha, ndayaanaaban wedi namewgamgoonsing pane enso kizhep e zhaayaan minwa niizhing Namewgiizhgak. "Giishpin kendmaan ni ngamnan minwa ketin namaayaan niibwa, giizhgong ka-zhaam," gii-gonaanik gi mektewkonyekweg. Gaawin gegoo ngii-nendziin maa yaayaan namewgamgoonsing. Nwach go gii-mwendaagwat gaan dibishgoo biingenseyaan ji-boodweng maa kinoomaadiiwgamgong gzhaapkizganing, gnamaa ge ji-gshkigwaadman gete biiskawaagnan kina ekosking wedi enji gshkigwaasong. Sister Elizabeth gii-wiidbimig ngii-pskinenik. Nwach gii-mnayaa wiin a dibishgoo dash giwedig mektewkonyekweg. Ngoding ngii-miingoban wiiyaas minwa ptak gaa shosksenig megwaa skaksidooyaang i wiisniwaagan pii gaa-shkwaa-wiisniwaad gi mektewkonyekweg minwa ekinoomaagewaad.

Ngii-aanji-wiidenmaa miidash ngii-dawaamdamaan ni despowaagnan wedi wasnakeyiinh namewgamgoonsing, kweji mkawgwaak Ephraim minwa George. Gwiiwsensag minwa kwesensag magnaa gii-pkewniwigaazwak, namewgamgoonsing eta wedi ngii-shki-waabmaag.

Ephraim gii-binaabi nakeyiinh yaayaan. Waabnewzi. *Gdoo-minwayaa na?* Ngii-zhaashaabmaa bekaa kwejmag. Gii-wewepkweno bangii ngii-nowetwig miidash gii-niiganbitaad maa despowaagning dibishgoo go ge niin kwejmid. Ngii-bsangwaabse nakeyiinh nkwetwag. Nikaanan geyaaba gaagiigdoon aawni go ni emskwaagin shkwaazwignan aazha go ndoo-ni-giige, gaan nage nisinoon i bzhazhewin mgii.

A couple of weeks later, I was in the chapel for early mass as I was every morning and twice on Sundays. "If you memorize the songs and pray a lot, you will go to heaven," the sisters told us. I didn't mind chapel. It was better than hauling firewood to feed the school's hungry furnace, or mending worn clothes that were piled in the sewing room. Sister Elizabeth sat next to me and squeezed my hand. She was kinder than most of the nuns. Once, she gave me a piece of juicy steak and leftover potato when I was helping clear away the hearty meal that the sisters and teachers had eaten.

I returned her smile and then searched the pews on the other side of the chapel, trying to find Ephraim and George. Because boys and girls were separated, chapel was the only place where I could see them.

Ephraim looked my way. He was pale. *Are you okay?* I raised my eyes, silently asking the question. He nodded slightly and then leaned forward in his seat as if he were asking about me. I closed my eyes in response. My arms were still tender, and even though the red sores had now turned pink, the memory of the punishment had not faded one bit.

Ngii-jijiingnap maa jijiingnabing, nshinaadendmaan. *Waagnen enji gichi-gdagigooyaang? Waagen kina gegoo gen ji-aanjidizyaan?* Megwaa ngamyaan minwa namaayaan gzhiiweyaan, ngii-kiimooji kwejmaa gizhemnidoo ji-bgidnit ji-giiweyaan.

Giizhgadoon, namewgiizhgoon minwa giisoon gbeyiinh nendaagdoon dibishgoo wiikaa shkwaa gwazsnok. Nishgaayaan ngodwaaso-dbaganek kizhebaagag, namewin, gaa-biisboodeg mnoomin, nokiiwin minwa kinoomaagziwin. Nwach shwiin go mnwendaagwat i mkade aatetek giizhgad gaan dibishgoo bzhazhegewin.

Ngii-bwaadaan goki shkonganing yaayaan wedi kina ji-damnoyaang, nsayenmag, nmisenyag mina ndanwendmaagnak. Ngii-msawendaan ji-noondwagwaa ngamwaat bineshiinyak (meadowlark) maa miishkiikaang. Ngii-msawendam ji-baaknikenyaan dibishgoo ji-gmaashyaan naasaap wiinwaa. Ngii-msawendam ji-majiiyaashyaan, gaawin dash niin goji gezhi giimiiyaan.

I knelt on the pew, troubled. *Why are we treated so cruelly? Why must I change everything about myself?* While I sang the songs and prayed out loud, I secretly begged God to let me return to my family.

Days, weeks, and months limped along drearier than a never-ending storm. Up at 6:00 a.m., prayers, porridge, chores, studies. But the gloom of each day was better than the fear of punishment.

 I dreamed of being back on the reserve, where I could play with my brothers, sisters, and cousins. I wanted to hear the song of the meadowlarks in the grasslands. I yearned to spread my arms wide, as if I were ready to soar, like them. I longed to fly away, but for me there was no escape.

Megwaa go echi nenmaambaan gaan wiikaa daa-shkwaasesnoon maa i kinoomaadwin, gaa zhi wiinmaagewaad gegoo gaa gchi nendmaan. Ndoo-giiwemin mnik goge niibing! *Endaayaang!* Ngii-kidsii i kidwin gchi gbenyiinh. Endgwen endaayaan naasaab ezhnaagdogwen? Ndaa-kenmigook na ngitsiimag? Ngii-ji-noondwaasiik pedboong; ngii-bgidnigoosii ji-maajiibiigeyaan minwa ji-biijbiimaagooyaan.

"Jimnidoowendaagwad wedi," Sister Mary ngii-gonaan. "Gaan gdaa-pkidenmigosiim ji-paa-yaayeg wedi pkaan-kiing."

Kina shwiingo wiya gii-kendanaawaa gktaajwaad gi mektewkonyekweg ji-kenjgaadeg aandi edoodwigooyaang.

Just as I was beginning to believe that my time at the school would never end, an announcement was made that lifted my spirit. We were going home for the summer! *Home!* I hadn't said that word for so long. Would my house look the same? Would my parents know me? I had not heard from them all year; hadn't been allowed to write or receive letters.

"It's evil out there," Sister Mary told us. "We can't have you mixing with the outside world."

But everyone knew the nuns were afraid that our families would learn how we were being treated.

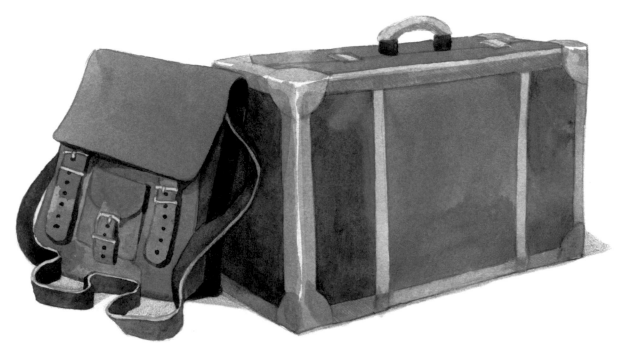

Pii gaa waabmagwaa ngitsiimak niigaan gaabiwaad maa
endaayaang ngii-kendaan i endaayaan naasaap pane iyaak.
Nmaamaa gizhiibtoo waabmigyaang gegaa go ndoo-nbibnig
epiichi zgigwenit. Nbaabaa ngii-maamaagnik maa nooning.
"Enso giizhgak kii-mkendmin," nkiimoojinik.

"Gaawin kii-niikensinoon," ngii-zhi-nkwetwaa. "Gaawin ngii-niikesii
waanen ezhi yaawyaan."

Nbaabaa gii-wiidendam megwaa nwakwenod daangshkang i gatig.

When I saw my parents standing in front of our house, I knew that home was as it had always been.
Mother rushed to greet us and nearly pulled me off my feet as she wrapped her arms around me.
My father squeezed my cheeks. "I've thought about you every day," he whispered.
    "I never forgot you," I replied. "I never forgot who I am."
    Dad smiled and bent his forehead to touch mine.

E-ni-naakshik ngii-nmadbimin ngii-mwaanaanig wiiyaasi-debaateg minwa ezaasot gaans. Ndawendmigyaang nmaamaan ji-wiisniyaang mnik go ezhi shkitooyaang, nmaamaa ndignaan "Gidaan, gidaan."

Geyaaba ngii-koshmaa niibwa giigoon maa ndoo naagning, enji mkwendmaan gaan nage ngii-ji-noondziin i nishnaabemtaagziwin gegaa ngodboon. "Miigwech," ngii-zhi-nkwetam. Kidwinan aapchi wewena ekendmaambaan pkaan nendaagdoon kidyaan.

That evening we sat down to a feast of meat pies and fried pickerel. Wanting us to take as much as food as we liked, mother urged us on saying "Gidaan, gidaan."

I piled extra fish onto my plate, realizing that I had not heard my Ojibway language spoken in nearly a year. "Miigwetch," I replied. The words I knew so well felt strange in my mouth.

Piidash dbikak wenshishnaan maa nibaagning wensidooyaan i
nshtigwaan maa pikweshmoning ezhi zhinmaan a Sister Mary
nooknazhit wedi gaa gchi gnwaak pkeskaan midkonang gchi
bzhazhegan. Ngii-gshkose kwejtooyaan i ndey ketin ji-mibdesnok.
Gekpii ngii-bsigwii waasechgan ezhesing wedi ngii-wi-nmadap,
noondaan nibii mijwang miidash bekaa gii-ni-neseyaan.

Gaan shko gnage gii-shkwaasesnoowan ni mji-bwajganan.
Ngii-kendaan go taamgo wewiip ni niibiishan gani aanj
naandenoon ji-ni-mkswaagin, mii i kendaagwak i aazha gegaa
ji-zhinaazhwigooyaang wedi enji taamgwendaagwak.

But at night, when I put my head upon my pillow, I was haunted by images of Sister Mary chasing
me down a long hallway with a leather strap in her hand. I bolted awake and tried to stop my heart
from pounding. Finally, I got out of bed and sat by the open window, where the familiar sound of
water lapping up on the lakeshore calmed my breathing.

But the nightmares did not end there. I knew that all too quickly, the leaves would turn from
green to bright red and orange, signaling the time when the living nightmare of that horrible place
would be upon me.

"Gaan goki zhinaazhwiken, Pkosenmoshin!" Ngii-pkosenmaak gi ngitsiimak. Negaach go ngii-ni-wiinmawaak gaa-zhiwebziyaang wedi kinoomaadiiwgamgong. Nbaabaa gii-negwaangaabi pii-wiinmowak Sister Mary "kinoomaagewnan" mina nmaamaa gii-gwanaanan tawganan wii-noondzik.

"Twena nga-dakendaan gegoo nakeyiinh maa ji-yaayeg," nbaabaa kido. "Twena ka-dakendaamin ge zhichgeyang."

Ngii-piikwaakninjii. *Enhenh! Nda-kendaamin ge zhichgeyaang! Waagnen dash?*

"Giishpin bzinziwang, waagnen ge doodaagooyang?" Nmaamaa kwedwe.

"Maanoo go waa-zhichgewaad, daa-zhichgewak," nbaabaa kido. "Gaan gda-zhinaazhwisiinaanik gda-binoojiimnaanik goki wedi. Ka-gaanaanaanik — ji-mkawaasik a Dbamaage ninwish."

Kina maamwi ngii-maajii-aanmitaagzimin. Shpimsagong gdaa-gaazmin pkesgaang. Dbamaage ninwish kina ngoji ga-paa-naabi kweji mkaagyaang. Gdaa-gaazmin skwayaang wiigwaaming. Gdaa-wenpanad ji-mkawgoyaang wedi shkweyaang dash. Gdaa-gzhiiptoomin wedi jiikbiik ji-gaazyang waasaa-gnashkiing. Gaawin dash dedpagaasnoowan ni ji-gaangoyang. Miidash nbaabaa gii-mkwendang gegoo.

"Gdaa-gaazom ndoo-nokiigamong."

"Don't make me go back. Please!" I pleaded with my parents. I had slowly begun to tell them what had happened to us at the school. Dad's eyes darkened when I talked about Sister Mary's "lessons," and Mom covered her ears and could not bear to listen.

"I need to find a way to keep you here," my father said. "We must have a plan."

I clenched my hands into tight fists. *Yes! We need a plan! But what?*

"But if we disobey, what will they do to us?" Mom asked.

"Let them do what they want," Dad said. "We won't send our children back to that place. We'll hide them – make sure the Indian agent can't find them."

We all started to talk at once. We could hide upstairs in the bedrooms. But the Indian agent would search every corner to find us. We could hide behind the house. But we would be easily spotted back there. We could run to the lake and hide among the reeds. But no, they were not thick enough to conceal us. Then Dad suggested something.

"You could hide in my shop."

Nbaabaa'im dayaanaaban nokiigamig enji wezhaad wesiinyan maa ndakiimnaang bkeyiinh maa endaayan ji-paweyaang. *Ga-mnosemgad na ji-mkaagooswaang?* Ndinendam. *Wewena na ka-ngaangonaan a nbaabaa'im nokiigamig?* Nga-nwaabmaak nsayenyag mina ngitsiimak. Ngii-wewepkwenmin enhenh — nga-bekaadzimin. Ngii-yaamin ge zhichgeyaang. Aazha goge wii ni-shkwaa-niibin.

My father had a taxidermy shop on our land that was close enough to run to, yet separate from the house. *Will it work?* I wondered. *Will my father's shop give us the protection we need?* I looked at my brothers and at my parents. We nodded our heads in quiet agreement – a silent pact. We had a plan. And the summer was slipping away.

Pii i giizhgat gaa-bgamiimgak, ndayaanaaban gwajing wiidookwak nmaamaa goojged. Giitaayaasnoon ni nmiinsisan maa nshkiizhgong gmaanmak. Maajiignoon nmiinsisan. Gegaa azha nbiknaang naabiigdoon.

"Aazha biijmose!" Nmisenh zhi-noondaagzi.

Ngii-bshignan i gziibiigigenaagan mina ngii-kiimoozaab giitaanyiinh wiigwaaming. Mii ya — gmoodiinini waa-daapnigyaan.

Naasaap a Dbamaage ninwish gaa-maajiishban eko ngod-boongak aazha biijmose maa miiknaang, bebezhik go zhi-bi-dgokii.

Nmaamaa gaa-zhi maanjgoshkaad, zegnaagzi dibishgoo go niin. Miidash nbaabaa gii-zaagjiptood maa shkwayiing shkwaandeming Ephraim minwa George ni-niigaan batoowag.

"Irene!" Ngii-nwajbinik maa ndoonmaaging. "Giin minwa gi gwiiwsensak wi-gaazyok wedi nokiigamgong."

When the dreaded day arrived, I was in the yard helping Mom hang laundry. The wind blew my hair around my face. My hair was growing. Soon, it would reach down my back.

"He's coming!" My older sister's shout cut through the air.

I dropped the laundry basket and peered around the corner of the house. There he was – my kidnapper.

The same Indian agent who had taken me away a year earlier was marching up the road, one determined step after another.

Mom froze in place, looking as frightened as I felt. Then my father ran out the back door with Ephraim and George just ahead of him.

"Irene!" He grabbed my shoulders. "You and the boys go and hide in the shop."

Gaan nage maatsinoowan ni nzidan. "Gaawin bgidnaaken ji-maajiiwzhit," ngii-pkosendmaa.

"Maajiiptoon!" nbaabaa ndoo-naaknik. Ngii-gwekpinik mina ngii-maajiiwebnik.

Ngii-bsageshin miish gekpii gii-ni-gyakamiiyaan. Ngii-dbaadaamnaaban ge zhichigeyaang miidash aazha i ge doodmaang. Nsayenyag gii-mi-aazhgeptoowag, geniin ngii-ni-nooknanaak. Ngii-gzhiiptoomin dash wedi nokiigamgong, zhewebnamaang i shkwaandem, ngii-biindgegoojnimin.

"Gaazyok!" ngii-gzhiiwedam.

My feet would not move. "Don't let him take me away," I begged.

"Run!" my father ordered. He turned me around and shoved me forward.

I tripped and then regained my footing. We had a plan, and it was time to put it into action. My brothers were sprinting across the property, and I set off too. We ran for our lives until we reached the shop, pushed the door open, and tumbled inside.

"Hide!" I shouted.

Ngii-googiimin shkweyiing mechaagin mkaakoon, wedi ji-waabmigooswaang. Wedi ga zhi gaazyaan, ngii-shki-naab waasechganing gwajiing ji-waamdamaan. Gaan go gbeyiinh, ngii-debaabmaa a Dbamaage ninwish biijmosed nbaabaa besho shkwayiing bi yaat. Ngii-zhinjiin maa ndooning ji-bsaanyaawaad gi George minwa Ephraim. Mii i shkwaandem gii-mdwezheyaaksek.

"Ngi-kendaan go maa yaayeg." Ndoo-ntsitwaa a Dbamaage niniwish. Ezhi gwa ziigbwezyaan maa ndbiknaang.

"Ngii-zhinaazhwaag gi binoojiinyag ji-wi-wiidbimaawaad ndanwendaagnowaan nwaj giiwednong nake." Nbaabaa a gaa-aanmitaagzit. "Ngikenziin aandiidok pii ge bi-giiwewaagwen."

We dove behind some large crates, settling in where we wouldn't be seen. From where I hid, I could see through a window to the outside. Before long, I spied the Indian agent striding up the path with my father close behind. I placed my finger across my lips to warn George and Ephraim to be quiet. Then the door creaked open.

"I know you're in here." I remembered the voice of the Indian agent. Sweat trickled down my back.

"I sent the children to stay with family farther north." It was my father's voice. "Don't know when they'll be back."

Bangii ngii-besnaan i nshtigwaan kweji waamdamaan aandi ezhwebak. Tiskaangaabwi a Dbmaage ninwish nikan niizhoonaanan, gnawaabmaad ni nbaabaayan. "Aangwaam go giiwnimyan, Ernest," zegtaagiizhwigoon. "Ka-maamaazhis giishpin goki zhinaazhwaaswat gi gniijaansag wedi kinoomadiiwgamgong."

Miidash ekchi zaagak nbaabaa, egimaawid ezhi yaayang emshkawziid minwa ekchi kendaasod-gii-gyakgaabwid. "Zhichken go waa-zhichkeyan," gii-zhi-tbasentaagzi nkwetang. "Ndom go tkonweniniwag. Tkonshin. GAAWIN MINWA WIIKAA KA MAAJIINASIIK NDABNOOJIIMAK!"

Taamgo gbeyiinh nendaagwat. Nbaabaa ganwaabmaan ni Dbmaage ninwishan, gewiin naasap nshkaazwaabmigoon. Ngii-mji-mnese. Ga maajaa na ya dbamaage ninwish? Ga mkaagoomin na? Nga-nwaabmaag Ephraim minwa George. Taamgo waawye-aangaabwak dibishgoo go dibik giisong.

Gibenyiin. Gichi gibenyiin. Miidash, gaawin washme gegoo gii-kitsii, gii-gwekaabwi a Dbamaage ninwish gii-ni-zaagang maa nokiigamgong.

I moved my head ever so slightly to try and see what was happening. The Indian agent, feet apart, arms crossed, was staring at my father. "You'd better not be lying, Ernest," he snarled. "You'll be in a lot of trouble if you don't send your kids back to the school."

Then my loving father – chief of the community, strong and wise – raised himself up to his full height. "Do whatever you want," he replied in a voice that was low and even. "Call the police. Have me arrested. You will NEVER. TAKE MY CHILDREN. AWAY. AGAIN!"

Seconds that felt like forever passed. My father stared at the Indian agent, and the agent glared back at him. I held my breath. Would the agent leave? Would we be discovered? I glanced over at Ephraim and George. Their eyes had grown wider than full moons.

A lifetime. An eternity. Then, without another word, the Indian agent turned and left the shop.

Jina go, gaan nage wiya gii-maajiisii, gykwendziwaang endgwen i zegziwin gaa-zhaapshkaagwen. Piidash nbaabaa bekaa gaa-gwekaabwid gii-baaknaanan ni nikaan, miigo nwsiyaang ngii-tiidbagoojnimin enji gaazyaang ngii-wi-maanji zgigwenaanaan. Ngii-baabaap minwa ndoo-ma'w naasap go pii minwa gazhi ningbizyaan nshtigwaaning naazh go nzidaang. Ngii-zhaabwiimin, Niin Irene Couchie, Ernest minwa Mary Ann Couchie daansiwaan.

Minwa endaayaan ndayaa.

For a while, no one moved, uncertain that the danger had passed. But when my father slowly turned and stretched his arms wide, the three of us tumbled from our hiding places and flung ourselves into his embrace. I was laughing and crying at the same time and shaking from head to toe. We were safe. I was Irene Couchie, daughter of Ernest and Mary Ann Couchie.

And I was home.

Gaa Daapnindwaa Binoojiinyag Gaa-Zhiwebak

Irene Couchie Dupuis bezhik a Nishnaabe binoojiinh, gegaa go ngodwaak shi-naanmidna-shi-mtaaswak (150,000) minik Nishnaabeg, Aaptawziik, mina Inuit — naanin go e newni tsidboonezwaat — naanin, go ngodwaak siboon, gii-daapnigaazwak maa endaawaad minwa gii-zhinaazhigaazwak ji-wi-ndaawaad wedi mji-kinoomaadiiwgamgong maa kiing Canada ezhinkaadek. Zhaagnaashii Gchi Gimaa gii-zhitoonan mina gii-dibayaanan ni kinoomaadiiwgamgong nenmaad ni Nishnaaben bwajginid. Gnaawaamdaman shwiingo, binoojiinyag gi gaa-niyaawaat ni gitsiimwaan ezhi-daawaad, enwewaad, minwa aadziwaan.

Bepkaan ni namewgamgoon, gii-nokiiwag mektewkonyekweg, mektewkonyeg mina ekinoomaagejig. Minaazhwigewnan gii-znagdoon, ezhichgewin gii-znagad. Gaawin gii-mno-shamaasiiwaan ni binoojiinyan, aaksiwin gii-maanet; niibwa binoojiinyag gii-nbowak njike. Aapchi mgii gegoo ezhichkeng gii-kinoomaagaazwak, zaam go ketin gii-nokiigaazwak gi binoojiinyag, minwa kinoomaadziwin gii-noondaashwan. Gi gaa-bzinzigwaa zaamgo gii-bzhazhegaazwak. Niibwa gi-binoojiinyag gii-shkadendmoog, njikewendmoog, mina gii-gzaagenenziiwag.

Nashme gogi nshwaaswi-godwaak-shi-mtaaswaak (80,000) ekinoomaagziwaad gaa-giiwewaad gnamaa ge nooj gaa-ni-ndaawaad gchi oodenang minwa oodenaasing maa Canada, niibwa gii-nendmook gaan goji dbendaagsisiiwag mii go gaazhi znagenmowaad pane. Naanin gaa-zhaabwiiwaad gii-chi-gajwak aandi gaa-zhewebziwaad binoojiinwiwaad. Naanin giwedi, gii-tawgisgwaa ni gitsiimwaan gii-zgnagziwak kweji ntawgiyaawaad ni-dabinoojiimwaan. Geyaaba go noongom gi naanin gtakdoowak gaa-zhiwebziwaad wedi gii-wi- kinoomaagziwaad. Shkwaayach indwa kinoomaadiiwgamig gii-gbagaade 1996.

Gnawaabmigwaan ni ekinoomaagegowaad
gi kwezensag gii-mzinaakswigaazwag
naasaap dibishgoo wedi Irene ga-zhaat.

1986, Zhaagnaashiiw Namewgamik gii-naawaan giisaadendmoowaat Nishnaaben aandi gaa-zhiwebzinit wedi kinoomaadiiwgamgong. Miidash, naanin gi gaa-zhaawaat wedi gii-dawaamdamwaat ji-nsidwinaagaazwaad minwa ji-dbamaagaazwaad. Baamapii 2008 a Gichi Gimaa eniigaanzit maa Canada gii-giisaadendmoowe.

2015 dash, gi gaa-zhitoowaat i Truth and Reconciliation mzinigan gii-zhenaanaawaa. Pii gaa-bzinwindwaa taamgo niibwaa gaa-zhaabwiiwaat, gitziimwan, minwa enjbaajig, mii gii-debwetmoowaat aandi mnik gaa-mji-zhewebak minwa gdaktoowin gaa-zhichkemgak. Gii-chi-zoongaadenmook twena gi kinoomaagnak ji-niiganiiwaad ji-dbaajmotagewaad. I gaanji zhichgaadek i mzinigan, zhaangswi-mdana-shi-newin gii-ndodgaadenoon ge zhiwebak, mii'o i debwewin minwa ji-kweji mnownidwaad Nishnaabeg mina e-Nishnaabewsigwaa, bezhig e twaawendaagwag Nishaabeg, Aabtawziig mina Inuit yaawaat.

Niibwa geyaaba e znagkin dibaajmonan dibishgoo Irene gaa-zhiwebzid baabiigaadenoon ji-wiindmaagegin. Enso be-bezhig go gdoo-mkwendaamin gaa piichi mji-zhibebag wedi gaa zhinaazhwindwaa kinoomaadiiwgamong mina mji-zhichkewin. Jibwaa bgidenmang i enchiyang mina jibwaa Nishaabeg gshitoowaad ji-nendizwaad dbendaaziwag, geyaaba niibwa wiindmaagegin twena gaa-zhiwebat.

Shkwaayaach gaa–zhibiiyang Jenny Kay Dupuis

Gaawin Gindaaswin Ndaawsii mzinigan ekidoomgak debwewin goyi gaa-zhewebzid a ngookmis, Irene Couchie Dupuis, Nishnaabekwe gaa-ndaadzid shkonganing e teg nakeyiinh Nbisiing Zaagigning maa giiwednoo Ontario. Gimaawiibniin ni baabaayan maa Nbisiing yaawaat, minwa maamaayan gii-naagdawenmaan ni mtaaswi-shi-newin niijaansiwaan. Endaawaat gii-chi-zhinaaksinii. Gaawin gego waasmowin minwa nbii emibdenik gii-yaanziinaawaa.

Naanin gi Couchie binoonjiinyag, George yaa waasa manjnikeyiinh, Ephraim bemayiinh, Irene naaniibwi waasa gyaknik, minwa ni maamaawaan, Mary Ann, nmadbiwan shkweyiing.

Gaan gii-yaanziinaawa niibwa engindenik, gii-chi-piitenmaawaan debenmaawaad, nwach gii chi-nendaagwat i gaan dibishgoo nooj gegoo.

Yi-pii 1928, Irene shkiniikwewiiban, wiin minwa niizh ni nsayeyan gii-daapnigaazoobniik maa endaawaat Nbisiing Nishnaabekaang ji wi yaawaat wedi Spanish kinoomaadiiwgamgong. Megwaa gii-kinoomaagzid wedi, Irene gii-gdagigaazo mina gaan gii-mnodoodaagaasii, Wiin minwa gi wedi gaa-yaajig gii-pkitegaazwag namaa ge gii-gajwigaazwag gaan gyak zhichkesgwaa ezhi znagzi-naaknindwaa. Gi binoojiinyag gaan gii-bgidnigaasiiwak wewiiba ji-dakendmaawaat ni gitsiimwaan. Da noozwinwaan gii-meshdoongaadenwan gindaaswinan nakeyiinh. Niizhwaaswaak-shi-naanmida shi-zhaangswi ndoo-gookmis gii-zhi-yaawi.

Irene baabaayan minwa daanke-mishoomis, Gimaa Ernest Couchie.

I go gaa-ngodboongak mnik gaa-gdaging maa enji taamgwendaagwak, Irene gekpii gii-bgidnigaazo ji-giiwet niibing. Pii-ni-baabaayan gaa-kenmonid aandi gaa-zhiwebzit wedi kinoomaadiiwgamgong gii-gaangoon mina ni nsayenan ji-mkawaaswindwaa pii a Dbmaage ninwish bi-mdawaamjiget. Gaan nage goki nashme gii-zhaasii wedi.

Ngookmis gaan moozhak gii-mkonziin i gaan dendid wedi ngodboon, piidash gaa-ni-siigziyaan, ngii-wii kendaan nwach niibwa gaa-zhiwebak wedi Spanish kinoomaadiiwgamgong ji-nsitmaan waagen gaa-zhiwebziwaad wiin minwa gi naanin. Dibaajmonan nakeyiinh i gaa daapnindwaa binoojiinyag gaa-zhiwebak. Chi waawiikaa gii-dbaajgaadenoon maa enjibaayaang, ngookmis shwiingo ngii-wiinmaag. Gii-nendam ga nishin i ji-dbaajmoyaan. Kina go ni dbaajmonan — gaa-wiinmaagaadegin mina gaan gaa-wiinmaagesing — nishinoon ji-kendaagegin. Mii i gaa-zhiwebak, mina go geyaaba tkwiindaagnaawaa bemaadzijik noongom. Miidash gaan ji-wiinmaageyaan ngookmis — Irene Couchie Dupuis — i debwewin gaa-zhiwebzid.

Ndoo-gookmis,
Irene Couchie Dupuis.

The Residential School System

Irene Couchie Dupuis was among approximately 150,000 First Nations, Métis, and Inuit children — some as young as four — who, for over a century, were removed from their homes and sent to live at residential schools across Canada. The schools were created and funded by the federal government in the belief that Indigenous peoples were uncivilized and needed to be "saved" from themselves. In reality, that "education" cost Indigenous children the loss of their families and communities, their Indigenous languages, and their traditions.

The schools were run by Roman Catholic, Presbyterian, United, and Anglican churches and were staffed by nuns, priests, and teachers. Rules were strict, conditions harsh. Children were poorly fed; infectious diseases thrived; many students died alone and far from home. Basic skills and trades were taught, but generally children were overworked, and the quality of education was poor. Those who broke the rules were punished. Most of the children felt lonely, isolated, and unloved.

Of the over 80,000 students who either returned home or relocated to cities and towns across Canada, many felt they didn't belong anywhere and struggled all their lives. Some survivors suffered intense shame over what they endured as children. Others, without having been raised by their parents, had difficulty raising their own children. Still others continue to feel the impact of residential schools on their lives to this day. The last residential school closed in 1996.

Under the watchful eye of their teacher, solemn residential schoolgirls have their photo taken in a class very much like the one Irene attended.

In 1986, The United Church of Canada apologized to the Indigenous peoples for their experiences in residential schools. Since then, former students have sought recognition and compensation. Not until 2008 did the Prime Minister of Canada issue a statement of apology.

In 2015, the Truth and Reconciliation Commission released its final report. After listening to thousands of survivors, their families, and communities, the Commission acknowledged the extent of the impact and suffering that residential schools caused. It took great courage for former students to come forward and share their stories. The goal of the report, which included 94 calls to action, was to honor the truth and to try to establish a more positive relationship between Indigenous peoples and non-Indigenous Canadians, one that respects the diversity of First Nations, Métis, and Inuit communities.

There are still many difficult stories like Irene's waiting to be shared. Each one reminds us that the residential school system was devastating and, quite simply, wrong. Before we can heal as a nation and before Indigenous peoples fully regain their pride and sense of belonging, there is still much work to be done.

Afterword by Jenny Kay Dupuis

I Am Not a Number is based on the true story of my granny, Irene Couchie Dupuis, an Anishinaabe woman who was born into a First Nation community that stretched along the shores of Lake Nipissing in Northern Ontario. Granny's father was chief of the community, and her mother looked after their fourteen children. The Couchie house was modest, with no electricity or running water.

Some of the Couchie children. George is at far left, Ephraim is beside him. Irene stands at far right, and their mother, Mary Ann, is seated behind them.

Irene's father and my great-grandfather, Chief Ernest Couchie.

Everyone helped with daily chores. They didn't have a lot of material goods, but they valued family, and that was more important than almost anything else.

In 1928, when Irene was still a young girl, she and her two brothers were taken from their community of Nipissing First Nation to live at Spanish Indian Residential School. While she was a student there, Irene suffered neglect and abuse. She and the others were regularly strapped or shamed for not following the many harsh school rules. The children were not permitted any regular contact with their parents. Their names were replaced by numbers. My granny's number was 759.

After a year of suffering in these terrible conditions, Irene was finally allowed to go home for the summer. When her father learned what had happened to her at the school, he hid her and her siblings so they wouldn't be found when the Indian agent returned. She never went back to that place.

My granny rarely spoke about her year away, but when I was a teenager, I wanted to learn more about the legacy of the residential school system and understand what she and many others had endured. Stories about the residential school system were seldom told in our community, but Granny told me hers. I felt it was important. All of the stories – told and untold – are important. They are part of our history, and they still affect many people today. This is why I wanted to share my granny's – Irene Couchie Dupuis' – name and her truth with you.

My granny, Irene Couchie Dupuis.

Gaa-zhibiigejig / About the Authors

DR. JENNY KAY DUPUIS Ojibwewi/Nishnaabewi minwa dbendaagzi Nbisiing Nishnaabekaang. Jenny enji-mshkawi kinoomaaget nakeyiinh Nishnaabe ezhwebag minwa maamiimkwenmaad ni gitsiiman gaa-zhiwebzonid gaanji zhibiiyang ni gookmisan Irene Couchie Dupuis dbaajmowin. Jenny daa Toronto, wedi enji-nokiid ji-niigaangaadeg Nishnaabe kinoomaadwin.

DR. JENNY KAY DUPUIS is of Ojibway/Anishinaabe ancestry and is a proud member of Nipissing First Nation. Jenny's commitment to teaching about Indigenous issues along with her interest in her family's past led her to write her grandmother Irene Couchie Dupuis' story. Jenny lives in Toronto, where she works for the advancement of Indigenous education.

KATHY KACER nitaa zhibiigewin pkinaaged gaa-zhibiiyang niibwa mzinignan Holocaust nakeyiinh ji-wiindmowaad eshkiniiigjij, minwa go *The Secret of Gabi's Dresser*, *Shanghai Escape*, minwa *The Magician of Aushwitz*. Gchi-nendam wiidookwaad ni Jenny Kay Dupuisan enchinid dbaajmotaagewin go ezhkiniignid. Kathy daa Toronto wiiji gitsiiman yaanid.

KATHY KACER is an award-winning author who has written many books about the Holocaust for young readers, including *The Secret of Gabi's Dresser*, *Shanghai Escape*, and *The Magician of Auschwitz*. She is very honored to help share Jenny Kay Dupuis' family story with young people. Kathy lives with her family in Toronto.

Gaa-mzinbiiged / About the Illustrator

GILLIAN NEWLAND mzinbiige-kwe zhi'aawi e-aabjitood moozhag tisge-waaboo, tisgan minwa zhibiiganaakoon. Nooch doo-mkaan ge-mzinbiiyang gwajiing maa enji-nokiid, minwa naangodnong gda-mkawaa mzinbiiwaad e-yaanid daawewgamgong. Wiin e-mzinbiiyang i *The Magician of Aushwitz* minwa niibwa go mzinignan. Gillian daa Toronto.

GILLIAN NEWLAND is an artist who works mostly in watercolor, ink and pencils. She finds most of her inspiration to draw outside of her studio, and can sometimes be found sketching her fellow customers at a coffee shop. She is the illustrator of *The Magician of Auschwitz* and many other books. Gillian lives in Toronto.

For my late grandmother and all the Indigenous children who endured the Residential School System. With special gratitude to my relative Les Couchi for his genuine, unending support.
—Jenny Kay Dupuis

For Gabi and Jake, with love as always
—Kathy Kacer

Acknowledgments:
Special thanks to Margie and the staff of Second Story Press for creating an inclusive
space and always believing in me; Kathy for her expertise, guidance and kindness;
Gillian for her stunning illustrations that respectfully reflect my grandmother's life experiences;
my family for trusting me to share the memories. —J.K.D.

So many people to thank: Margie and the staff of SSP for their ongoing commitment
to bringing these important stories to young readers; the Canada Council for the Arts
for their financial support; Gillian for the perfect illustrations; Jenny for sharing her important
family story and for trusting me to help her tell it. —K.K.

LIBRARY AND ARCHIVES CANADA CATALOGUING IN PUBLICATION

Title: Gaawin gindaaswin ndaawsii / gaa-zhibiigewaad Jenny Kay Dupuis minwa Kathy Kacer ;
gaa-mzinbiiged Gillian Newland ; gaa-aankanoobiigewaad Muriel Sawyer minwa Geraldine McLeod ;
gaa-waadookaaged Tory Fisher = I am not a number / written by Jenny Kay Dupuis and Kathy Kacer ;
illustrated by Gillian Newland ; translated by Muriel Sawyer and Geraldine McLeod ; with
contributions by Tory Fisher.
Other titles: I am not a number
Names: Dupuis, Jenny Kay, author. | Kacer, Kathy, 1954- author. | Newland, Gillian, illustrator. |
Sawyer, Muriel, translator. | McLeod, Geraldine, translator. | Fisher, Tory, translator. |
Container of (work): Dupuis, Jenny Kay. I am not a number. | Container of (expression): Dupuis,
Jenny Kay. I am not a number. Ojibwa.
Description: Nishnaabemwin (Ojibwe), Nbisiing dialect/English edition. | Text in Anishinaabemowin
(Ojibwe) - Nishnaabemwin, Nbisiing dialect translation with original English.
Identifiers: Canadiana 20190090995 | ISBN 9781772600995 (softcover)
Subjects: CSH: Native peoples—Canada—Residential schools—Juvenile fiction.
Classification: LCC PS8607.U6805 I216 2019 | DDC jC813/.6—dc23

Translation copyright © 2019 by Muriel Sawyer and Geraldine McLeod
Text copyright © 2016 by Jenny Kay Dupuis and Kathy Kacer
Illustrations copyright © 2016 by Gillian Newland

Photo on page 37/40: Canada. Dept. Indian and Northern Affairs/Library and Archives Canada/e011080274

Editor: Kathryn Cole
Designer: Melissa Kaita

Fifth printing 2022

Printed and bound in China

*Second Story Press gratefully acknowledges the support of the Ontario Arts Council, the Ontario Media Development
Corporation, and the Canada Council for the Arts for our publishing program. We acknowledge the financial support
of the Government of Canada through the Canada Book Fund.*

Published by
SECOND STORY PRESS
20 Maud Street, Suite 401
Toronto, ON
M5V 2M5
www.secondstorypress.ca